AF400196

Au "Milieu" des Tentacules du Pouvoir

Guilain Lantin

Au "Milieu" des Tentacules du Pouvoir

Histoire(s) vécue(s)

BoD

Books on Demand

ISBN: 9-782-322-11325-5

L'histoire commence un jour de 1996. Mon Directeur met en vente son "portable", son ordinateur personnel en fait. A cette époque ces appareils sont encore très chers, et moi je n'ai qu'un vague traitement de texte. Marché conclu, si j'ai bonne mémoire pour 250 francs de l'époque. Me voilà avec un Thinkpad (IBM) dont je dois maintenant apprendre à me servir.

Je rame un peu, beaucoup...mais passionnément. Je fouille dans les divers programmes, Word, Excel, j'ai entendu parler et en fin de compte c'est pas si compliqué.

Amusant, le dirlo a laissé traîner des choses. Quelques pages d'un ancien cahier intime de sa femme. Beau début de carrière d'une commerciale aux dents longues, sommet pas encore atteint, mais le but alors avoué est "maintenant, prochaine étape, réussir à me faire épouser"

Où sont là les sentiments? Et mon dirlo qui s'est fait piéger.
Pauvres gens...

J'ouvre ensuite un fichier "Sphinx" Kekseksa? Apparemment un programme de gestion. Aucun intérêt pour moi si ce n'est que j'y trouve caché un fichier du personnel comportant des données très très privées. Horreur, je ne veux même pas savoir et je supprime aussi sec.

Brecht disait "quand le non-droit remplace le droit, se rebeller est un devoir".
Et je commence à être un peu plus attentif à ce qui se passe dans cette entreprise, privée mais bénéficiant d'une délégation de service public, c'est-à-dire que le vrai boss c'est le Député - Maire-futur Président de la Communauté d'agglomération. Nul doute que ce dernier dira tomber de haut d'apprendre cela par la presse. Classique même!

Très vite je me fais désigner délégué syndical. Affolement dans la ruche, le dirlo, très nerveux, attend impatiemment le délégué du seul, depuis toujours, autre syndicat.
Les déjeuners entre eux pourraient devenir problématiques...on va éviter.

Holà, je maîtrise Excel au point de calculer qu'en fait, malgré les augmentations consenties, le salaire effectif ne bouge pas, c'est à dire que cela dénote une baisse régulière du pouvoir d'achat. Vos chiffres sont faux! hurle le dirlo. Désolé cher monsieur, mais je n'ai fait qu'entrer quelques données factuelles et c'est bien votre ancienne bécane qui a sorti le résultat!

Peu après, un certain jour, examinant sans grand intérêt ma feuille de service, je suis pris d'un doute: ça c'est curieux alors, non c'est trop gros, ce ne peut-être qu'une malheureuse coïncidence! Je me dis que, quand même, je vais y être un peu plus attentif. Bingo!!! Chaque jour c'est pareil!

Quotidiennement une grosse surfacturation existe aux dépens de cette chère ville, un peu de notre poche à tous donc.
Avec des magouilles du genre, pas étonnant que cette boîte remporte toujours les appels d'offre! Son actuel PDG est conseiller municipal, mais ce n'est que pure coïncidence. Voyons!

Faut pas aller voir le Maire avec ça...
Va étouffer le truc.

J'avise un conseiller municipal, connu pour avoir une grande langue. Yves, regarde, que penses-tu de ça? (je lui fais voir quelques feuilles de service que j'ai pris la précaution de photocopier)

Nom de Dieu,!!! fait-il.

Il faudra peu de mois pour que mon patron se soit trouvé un meilleur emploi. Comme on le comprend, passer d'une entreprise d'environ 120 personnes à une de huit. On appelle cela "un parcours sans faute" ai-je entendu!
Ha ha, mais l'avantage est qu'il n'a plus de syndicat dans les pattes, voilà!

Le Maire peut souffler, un vent mauvais ne l'a pas décoiffé. Chuuut...

En attendant, j'avais eu affaire à un vrai-faux client. Le Maire d'un patelin tout proche avec un abonnement de bus, c'est pas normal. *Warnings* dans ma tête. Surtout qu'il essaie maladroitement de me faire tenir des propos dénigrant l'entreprise. Eh bien ce fut ra-té mon pauvre ami!

Nouveau patron, regard bleu acier, apparemment franc, un peu à la Macron. Illusion...
L'ambiance ne change pas, et pour tout dire elle empire.

Tiens, un beau jour je croise l'ancien dirlo. Enfin c'est même lui qui traverse la rue à ma rencontre. Dites-donc, il me sert la main chaleureusement! "Je n'ai pas eu l'occasion de vous le dire Monsieur Lantin, vous êtes quelqu'un de très intelligent" Dans certaines sociétés, secrètes surtout, il y a un code d'honneur, on sait reconnaître la victoire d'un adversaire...
Respect.

Nous sommes en mars 1998. Je me demande même si ce n'est pas le jour de mon anniversaire...

De toutes manières c'est ma fête.

Je croise trois "jeunes" des "Suédois bien de chez nous", vous voyez? Et je me fais violemment agresser, coups de poings, puis, au sol, coups de pieds.

Heureusement pour moi, un gars intervient et les met facilement en déroute. Nous sommes devant l'entrée d'un petit supermarché et plein de braves gens ont suivi le match. Mais vous savez, personne n'a rien vu. Curieux non, le sous-titre de ce genre de film est immuable! Le seul courageux m'accompagnera chez un toubib. J'ai mal partout, de nombreux hématomes, mais surtout là, au pli du genou. Veine fémorale éclatée.

Un court séjour à la maison, la jambe étendue pour éviter une phlébite. Trop peu de jours d'ailleurs, mais faudrait pas accabler ces jeunes quand même, allons... mon âge à eux trois...

Tribunal pour enfants. Violences sur personne chargée d'une mission de service public. Grave normalement, au point qu'une brave assistante sociale me prend en aparté pour me demander de retirer ma plainte. Ben voyons, ce jour-là ce jeune a du être sorti d'écrou de la ville voisine. Travaux d'intérêt général. Tranquilles. Affaire suivante svp!

Quant à moi, je n'étais pas subordonné à mon employeur au moment même de l'agression. Super!

Reprise du boulot, avec comme
une petite boule à l'estomac, quand
même...
La vie continue, moins agitée
heureusement. Ce boulot me pèse.

Ah, à l'automne 1999, elle
s'anime, si l'on peut dire. Nouvelle
agression, un quidam me file
quatre coups de poing au bras.
Pourquoi tu fais ça m'sieur? Bon
mais là je suis bien au boulot.
Appel à ma boîte, démerdez-vous
avec les clients moi je rentre à la
maison! Un agent de maîtrise
déboule. Une seule chose
l'intéresse, s'assurer que personne
n'a rien vu ni entendu. Pas de
chance une petite vieille confirme.
On se posera plus tard la question
de savoir si cette agression a pu
être "commanditée" non?
Toubib, flics...puis passage obligé
par le bureau du nouveau dirlo.

Nous sommes un vendredi en fin d'après-midi. La procédure impose, dit-il, que je sois vu par un psychiatre. Plus personne, ce sera pour le lundi...
Je la vois la psy qui me donne trois jours d'arrêt tout en estimant nécessaire une hospitalisation "dès qu'une place se libère"
De retour au travail le jeudi.
Appel de la psy le vendredi, je peux (ou je dois?) être hospitalisé dès le lundi suivant.
Savais pas que c'était en milieu psychiatrique...

Il faut informer le patron.
"Ah mais ça c'est pas possible qu'il dit, j'ai des malades, vous pouvez reporter?" Non je réponds. "Alors puisque c'est comme ça vous allez travailler encore dimanche..."
Que faire? j'y suis allé.

Veux pas leur donner de motif de licenciement...

A peine un mois après, le tailleur fournissant les uniformes était prié de reprendre le mien: "il ne reviendra plus" lui a-t-on dit!

Hôpital de Rouffach, "centre pilote européen"! Découverte d'un autre monde. Je ne me sens pas mal du tout, et j'y suis pour mon bien m'a-t-on dit.

Ouiche ça va pas durer!!!

Dès le soir, médocs à volonté, et quoi comme merde à l'insu de mon plein gré? Des trucs pour tranquilliser les schizophrènes!!!

Je dirais avoir passé une bonne première nuit, si ce n'est que je suis shooté au point de ne plus savoir que vaguement qui je suis!

C'est pas pour moi ça, je voulais juste un peu de repos, en pouvant prendre du recul !

Mais que fais-je donc au milieu des dépressifs, des alcooliques, des repris de justice, et en général de tous les gens qui sont là parce qu'on ne sait pas quoi en foutre.
Logés, blanchis, nourris. La belle vie pour certains.

Sont pas méchants, gaffe quand même, quelques uns sont même très intelligents. J'espère me maintenir parmi ces derniers...

Deux mois que je suis là, presque coupé du monde. Deux ou trois permissions se sont mal passées. Tout le week-end au lit la couette par dessus la tête. Rien mangé...
Je suis devenu agoraphobe.

Au bout des quelques premiers jours, le Dr K...., la psy était venue, seule, me voir dans ma chambre.
Normalement elle ne vient qu'accompagnée d'une ou deux infirmières, mais là faut pas de témoins.

Elle me dit "subir des pressions terribles pour déclarer que mon état ne découle en rien de l'agression. Pour vous cela ne changera rien" ajoute-t-elle.
Suis au lit, pas bien, complètement ramolli par les médocs. Je lui dis ne pas être en état de me défendre, qu'elle fasse ce qu'elle veut après tout.

Sorti, libre...mais prisonnier des médocs. Bientôt Noël, je vais aller chez ma soeur...

Vient l'an 2000, tout peut changer les gens pensent. Pas moi, comme un brouillard permanent dans ma tête. Février, la psy me conseille un retour à l'hôpital. Encore un mois de perdu. Si encore ce n'était pas inutile, mais la vie continue...parce qu'on ne peut pas faire autrement...

Juin. C'est l'été mais je m'en fous. Convocation chez le médecin-conseil de la Sécu. Me donne pas le choix. Vous avez assez travaillé, me dit-elle, vous recevrez une pension d'invalidité.
A 52 ans...Mais c'est pas ce que je voulais, moi!

Et voilà, on s'est débarrassé du syndicaliste qui dérangeait!

J'angoisse, ne n'ai aucune information quant au montant de cette pension, sera-t-il suffisant pour m'en sortir? Peut-être vais-je devoir vendre mon appartement, merde!

"Non mais allo quoi" j'ai pas la réponse!

On m'a "conseillé" de passer un bilan de compétences. Ces gens sont très bien, vous verrez, me dit-on. Je vois, une demi-journée à me faire chier à répondre à des questions pour demeurés, mais pas en vain. J'ai un Master (BAC+5) mais on me trouve apte à postuler à un emploi de gardien d'immeuble, sans toutefois aucune garantie de l'obtenir. J'en crois pas mes oreilles. Se foutent de ma gueule ou bien?

Galère. M'emmerde. J'aimais bien bosser moi. Rebelote pour un mois d'hôpital...
Ne suis-je définitivement plus le même? Rideau sur plusieurs années de vie.

Un jour, vois le psy. Honneur, depuis un temps, j'ai droit à un chef de service de l'hôpital.
Il me dit "Comment! vous prenez encore cette saloperie? bonjour les dégâts sur la mémoire!"
Là j'ai failli en rester coi.
"...Mais...Docteur...c'est vous qui me la prescrivez depuis des années!"

Verrai plus ce connard, oh mais pas pire que tous les autres...c'est tout dire.

M'en vais voir un généraliste. Une femme pourquoi pas? La connais pas, mais chance! Une personne toujours souriante, et au diagnostic rapide et sûr. Elle s'appelle Claire.

Je lui dis que je suis suivi depuis des années...et que non vraiment ça ne va pas. Lui dis ce que je prends. Elle ouvre de grands yeux et me dit de tout jeter, on va essayer tout-à-fait autre chose.

Ah ben dites donc, rapidement je vais moins mal et progressivement je vais même mieux, grâce aussi au soutien et à l'amitié d'une jeune femme rencontrée à Rouffach.
Une fille super !

II

L'heure de la retraite a sonné. La mienne pas celle de Russie. 60 piges, dont 8 perdues! Mais je suis enfin vivant! Tel n'est pas le cas de cette Chère Claire qui décèdera brutalement d'une rupture d'anévrisme au cerveau un an plus tard. J'ai pleuré et je n'étais pas le seul. Elle n'avait que 45 ans et deux jeunes enfants. Ses patients aussi se sont sentis orphelins...
J'ai écrit une longue lettre à son mari, il m'a envoyé une photo de Claire avec un petit mot.

J'avais retrouvé la joie de vivre. Je ne savais pas encore que cela ne durerait pas.

Cinq ans plus tard environ, je commence à peiner pour monter les courses. Quatre étages sans ascenseur, je savais ne pas pouvoir les monter toujours, mais ça surprend quand même le jour où ça arrive. Il y aura une grande décision à prendre...et pas transitoire si possible.

Jeune homme cherche appartement, rez-de-chaussée, quartier tranquille, proche boulangerie, bus à proximité aussi. Pas trouvé.

Ouaouh, en ce beau mois d'août 2012 et tout-à-fait par hasard, je tombe sur une pub pour une Résidence séniors.

Mais la voilà ma solution! Justement une est en construction à W...., joli village au pied des Vosges, beaucoup de viticulteurs. Ravi! c'est justement là que se trouve celui auquel je suis fidèle depuis vingt ans!

En attendant l'emménagement, mon état s'est un peu détérioré. Je m'aide souvent d'une canne et on m'a accordé le macaron de stationnement.

Eté 2013. Mon nouvel appart est vraiment chouette et j'ai pris l'habitude de monter tous les jours ,à pied, au centre du village. Et même souvent à deux reprises chaque jour, imaginez!

J'ai le contact facile, un petit signe de la main à tous et des traits d'humour qui font rire ceux auxquels j'ai le plaisir de parler. J'ai pris mes habitudes dans un petit resto sympa, beaucoup d'habitués ça crée des liens.

Petit village tranquille et sans histoires, je pensais.
Vous allez avoir du mal à me croire. Et pourtant et pourtant...

III

Rapidement des choses bizarres se font jour, ce sont des appartements et non une maison de retraite. Nonobstant une clause du bail prévoit que "le gestionnaire peut mettre fin à celui-ci s'il estime que votre état de santé n'est plus compatible avec le standing de l'immeuble" De même si on émet des critiques.

Mais c'est inouï ça! Un peu plus tard j'écris un petit courriel au Maire, soulevant qu'à mon sens il commet quelques petites choses "pas tout-à-fait légales" J'avais (déjà) mis les pieds en enfer.

Le Maire-conseiller général-Vice-président de la Communauté d'agglomération en charge des transports, allait se déchaîner. Lettre de menaces de dépôt de plainte rendue publique (tout comme la mienne) avant même que le policier municipal me la remette. Un mec sympa, vraiment! Pour parodier Brel "chez ces gens là on ne triche pas, monsieur, on ne triche pas"
Ah mais ça ne me plaît pas du tout, j'informe de la chose le Procureur de la République.

Un peu avant, mon médecin, le Dr .... m'avait prescrit un truc "fortement déconseillé" au regard d'une pathologie pourtant bien connue de lui. J'ai commencé à souffler en montant au village et ce m'est même devenu très pénible...
Jusqu'à ce 8 février 2014.

La veille, le promoteur me proposait une forte somme d'argent pour que je quitte "sa" Résidence, et surtout...que je ferme ma gueule. Cela s'appelle de la corruption active.
Je lui claque la porte, écoeuré, et lui dis que son argent est sale.
"Connard!" me crie-t-il.

Toujours est-il que le lendemain, un samedi, me réveillant de la sieste, je tourne légèrement la tête pour voir l'heure. Et là j'ai la sensation qu'une guillotine vient de me couper en deux.

Je hurle épouvantablement, mes jambes ne répondent plus et je dois arriver à me faire tomber du lit pour atteindre mon téléphone, pourtant à une quarantaine de centimètres seulement.

J'essaie d'appeler cette amie dont j'ai déjà parlé, et qui avait une clef de chez moi à l'époque.

Pas de réponse...je ne veux pas que ma porte soit cassée, et surtout pas par les pompiers dont j'ai pu constater la complicité de l'adjudant avec le Maire et la "responsable" de la Résidence.

J'ai pas mal de papiers compromettants envers ces gens, et je suis certain qu'ils le savent.

L'amie répond enfin, elle arrive un peu avant 18 heures. Il y a quatre heures que je ne peux plus bouger.

Appel, le Samu arrive. Je dois être placé dans un matelas de compression.

Je préviens quand même l'adjudant qu'il ne sera pas utile de pénétrer chez moi, que l'on m'emmène aux Urgences. Il n'est pas censé savoir ce qui m'arrive n'est-ce pas?

Alors pourquoi me répond-il "Ah mais attendez, si vous n'êtes plus valide vous ne pouvez plus rester à la Résidence" Mais de quoi il se mêle ce con?
Qu'il savait ce qui allait m'arriver serait pure médisance, non?

Placé dans l'ambulance, la personne qui reste auprès de moi me fait la remarque suivante: "Hé ben dites donc, il vaut mieux ne rien avoir dans cette Résidence! Quand elle nous a vus, l'employée (supposée avoir un brevet de secouriste du travail) tremblait de tous ses membres. Mais on ne lui demandait que le numéro de l'appartement!" Ah...savait rien non plus?...Re-doute...

Saurai-je un jour comment a pu se déclencher cet "accident"?

Le 8 février 2014 vers 18 heures.
(Extraits de lettres à l'Hôpital)

Tout d'abord, étant placé dans un matelas de compression et qu'il fallait bien que les ambulanciers, au nombre de quatre, récupèrent leur matériel, j'estime que pris en charge par l'hôpital ce soient des brancardiers spécialisés qui me manipulent.
Or ce sont les ambulanciers qui ont été obligés de me transporter (dans un drap, je ne sais) me causant des douleurs horribles qui n'on pu m'empêcher de hurler, malgré quoi j'ai pu entendre une infirmière crier "raidissez-vous monsieur!" facile à dire!

Au bout d'un moment, un gars en vert est venu (IOA, infirmier, brancardier?   )m'a demandé l'échelle de douleur

(10 mais j'aurais bien dit 20!),m'a demandé si je pouvais remuer les orteils...et subitement me dit: "hop debout! on rentre à la maison!" Je lui réponds que j'estime que ma place est à l'hôpital, sur quoi il me dit "de toutes façons on n'a pas de place"

Je dis en commençant à m'énerver: alors si vous n'avez pas de place, mettez-moi à S...., à N...., où vous voulez! Lui dis que je connais son patron. Il file la queue entre les jambes...
Attendez attendez, si l'on en croit le site de l'hôpital, on s'occupe prioritairement du traitement de la douleur, et le degré d'urgence médicale est évalué par un médecin spécialiste de l'urgence.

Vient quand même un médecin interne, toute jeune femme très gentille d'ailleurs, qui me dit, sur l'avis du gars en vert probablement "vous savez, monsieur, on ne peut pas vous garder pour faire votre toilette et vous donner à manger" cela avant d'avoir fait le moindre examen!
Bon je passe quand même une radio (ah bravo vos radiologues, ils m'ont fait rouler sur la table presque sans douleur!): pas de fracture. On me met alors sous perfusion, mais même deux doses de morphine ne font d'effet sur la douleur. Je m'endors.

Le matin, toujours dans le box, un autre gars en vert vient me dire "allez on s'assoit" je lui dis que ce m'est impossible. "Eh bien va bien falloir pourtant" et passant derrière moi, clac! d'un coup sec relève le dossier du lit. Je hurle!

Jusqu'à ce moment m'avait-on pris pour un simulateur???
Ah bien sûr quand le problème est survenu, je n'ai pas pu me mettre en complet veston (j'étais même pratiquement nu) et je ne suis pas arrivé complètement ensanglanté.
J'aurais peut-être dû pour être pris au sérieux. Toujours est-il que j'ai été transféré en médecine où j'ai encore souffert jour et nuit échelle 10 jusqu'au mercredi matin...je subodore que les mauvais traitements auront même pu aggraver ma pathologie...

Ce 8 février, une fois installé dans le box, on m'a laissé seul un bon moment, la porte entrouverte de 10 cm. Il se trouve que j'avais un besoin pressant depuis que le problème est survenu (à 14h) or j'entendais deux infirmières papoter dans le couloir, *j'ai dû appeler de plus en plus fort jusqu'à ce que l'une d'elle vienne voir, me disant que je n'étais pas le seul dans le service. **Pardon, mais ce n'était pas du tout l'impression que j'avais**! Bref, elle m'a apporté un urinal puis laissé la porte grande ouverte. Ce détail pour en arriver à ceci:*

*C'est alors que l'homme en vert (qui s'est si bien occupé de moi!) est passé devant ma porte en disant à très haute voix: **"...mais j'en ai rien à foutre!... on va lui donner 150mg de Clopixol, il dormira bien, il sera content et dans deux jours il sera de nouveau là!..."***
Il y avait donc bien un autre patient dans le service, mais alors pas du tout agité!

Alors moi, j'aimerais savoir qui était ce "on". Un médecin? ou alors l'homme en vert (dont je connais toujours pas la qualification) avait-il accès à la pharmacie???

Pour terminer, je viens de trouver ceci sur internet:
*« **D'abord ne pas nuire** », c'est le principe qui est censé prévaloir en toutes circonstances en médecine. Lorsqu'un patient arrive, il faut d'abord... ne pas lui nuire !*
*Il ne me semble pas que ce principe soit vraiment bien appliqué dans votre établissement, dont le personnel devrait d'abord prendre connaissance de la Charte des **droits** du patient...*

Un peu de la suite, en service de Médecine:

Bien traité dans l'ensemble, j'ai déjà connu personnel plus souriant, mais ce n'est pas vraiment important.

Sauf que j'ai à déplorer que n'ayant pu, en raison de mon état, me laver depuis le 8, personne n'ait pensé à venir faire ne fut-ce qu'un minimum ma toilette. Et ce jusqu'à ce que j'arrive à me débarbouiller un peu, seul, le 12 (et encore pas les pieds, impossible!) Je puais!! Inadmissible!

Plus grave: mon état m'obligeant à rester couché, ah oui je mangeais couché aussi!, j'ai néanmoins réussi le mardi midi à me redresser légèrement sur un coude. Le soir, une aide-soignante (?)

m'apporte mon plateau, en prenant soin de refermer la porte (?!?) et me déclare: "avec moi, vous allez manger assis" je lui réponds que non je fais ce que je peux.
Elle tire alors sèchement à plusieurs reprises sur le drap pour me faire bouger. J'ai mal, je commence à me fâcher. Elle continue: "vous allez manger assis ou je reprends votre plateau!" Je rétorque: mais allez-y, prenez-le mon plateau et dégagez! dégagez je vous dis!!!

Il ne serait "rien arrivé" faute de témoignages et je ne serais qu'un affabulateur. Sauf que le 8 février sous les mauvais traitements, j'ai appelé au secours mon avocat (sur son portable) il était 21h50 et j'avais été amené vers 18 heures!

L'appel a même soigneusement été effacé du journal de mon téléphone, probablement pendant que je dormais. Seulement il y a la facturation détaillée et mon avocat m'a confirmé par écrit que je l'avais bien appelé. Si c'était tout...la société d'ambulances qui m'a transporté sur demande du 15 prétend qu'elle a bien été appelée mais que l'intervention a été annulée...

Ma vie se résume désormais entre lit et fauteuil, ou presque...mon médecin-traitant m'a dit que j'avais eu beaucoup de chance, que normalement je devrais être en fauteuil roulant. Qu'est-ce qu'il savait vu que le compte-rendu de l'hosto ne fait mention que d'un simple lumbago?

Chance ou "attentat" manqué?

J'ai vu un neurochirurgien, veut pas toucher à ça il a dit.

Une procédure est en cours depuis un an au Tribunal administratif, j'ai demandé la mise au rôle, mais l'encombrement de celui-ci...en ce moment on traite les affaires de 2012 monsieur!

Selon vous, qui est le Président de l'Hôpital? monsieur le Maire-Président de la Communauté...et grand pote de l'autre!
Tout comme il l'est d'un office HLM où des choses pas nettes...
Que des braves gens en somme...

IV

12 février 2014. Me revoici chez moi. Très affaibli, mais plus combatif que jamais.
Internet rubrique Pages blanches. Je note tous les numéros d'appel des autres Résidents, je vais organiser une réunion d'information au salon, pour l'accès auquel nous payons. Cher.

Le samedi un peu avant 16 heures, je suis prêt. Ne manque plus que l'auditoire. Pas un chat, si ce n'est la Responsable qui paraît jubiler. Je flaire l'embrouille, et en effet. Comme dans toute bonne société quelqu'un l'a prévenue de ma démarche, et elle a fait pression sur ces personnes âgées pour les dissuader "gentiment" de venir.

Je m'énerve un peu tout de même mais je ne suis pas du style à faire plus qu'un léger scandale, et la liberté d'expression, et la liberté de réunion alors? Serait-on revenus au temps de l' URSS?

Devinez la suite: **"J'appelle les gendarmes, ils vont vous ramener d'où vous êtes venu, à Rouffach!"** siffle-t-elle.

Lettre au Commandant de Gendarmerie:

Samedi dernier 15 février vers 16 heures, la responsable de la résidence séniors de W..... a fait appel à la section de W..... sans indiquer de motif.

Deux gendarmes sont arrivés très vite (c'est vrai que ce n'est pas loin!) et la responsable a alors annoncé, me désignant, que j'avais les numéros de téléphone de tout les résidents et même des enfants!

Mon Dieu, mon Dieu! Mais quel crime!!! Pardonnez-moi mais j'en rigole!!! La responsable croyait-elle m'effrayer en faisant débarquer des uniformes pour ce motif???

Alors, la résidence est donc pire qu'une prison. On n'a même pas le droit de téléphoner à des gens qui sont dans l'annuaire sans autorisation de la responsable???

*Je voulais seulement rassembler les résidents au salon pour une information, mais voilà cela dérange la responsable et son beau-frère (le promoteur): il ne faut pas que je puisse mettre les résidents au courant de leurs **DELITS**!!! Ceci c'était pour votre information sur le contexte.*

*Maintenant, le gendarme H.....
(matricule xxxxx) auquel je
tendais mes poignets en lui
demandant de m'emmener pour le
motif précité m'a répondu:*
<u>*" Si on vous emmène, vous allez
voir ce qui va vous arriver"*</u>

*Mais qu'est-ce que c'est donc que
ce genre de pression???
En sus, me demandant mon âge
(bientôt 67 ans) il ajoute:* <u>*"Eh bien
monsieur vous vous conduisez
comme un gamin!"*</u>

*Permettez-moi, Commandant, mais
je n'ai de leçon a recevoir de*
PERSONNE.
*Je voudrais préciser que j'ai
annoncé ce même jour au
gendarme H.... que le sieur P.... (
le promoteur et donc beau-frère de
la responsable, ah oui tout se fait
en famille!) accompagné de Mme*

V..., Directrice d'exploitation, m'avait proposé un petit arrangement monétaire pour que je me taise et que je quitte la résidence. Le gendarme m'a rétorqué: "Eh bien vous auriez dû le prendre et vous casser"
Drôle de conseil pour un représentant des forces de l'ordre qui voudrait que je me rende complice de comportements que je n'hésiterai pas à qualifier de mafieux.

Par ailleurs, en fin de conversation, prenant des anti-douleurs très très puissants, j'en avais la bouche sèche et n'arrivais presque plus à m'exprimer, j'ai demandé un verre d'eau (du robinet) qui me fut refusé!
Le gendarme H.... me donnait ensuite l'<u>ordre</u> de renter chez moi, à quoi j'ai répondu que j'étais dans

les parties communes de l'immeuble et que conséquemment <u>j'étais chez moi!</u>

La responsable hurla alors: "Non, ici c'est chez moi!!!" J'ai alors regagné mon appartement. Pour terminer je passai un coup de fil sur le n° d'astreinte pour signaler que le couloir du 2ème était sale, et c'est le gendarme qui décrocha...

J'en tire tous les enseignements que je veux et vous laisse libre de les interpréter selon votre conscience professionnelle.

Evidemment je ne reçus pas de réponse, mais j'appris un peu plus tard que le gendarme concerné avait "obtenu" sa mutation!

17 février 2014 à 11h45, se
sors pour aller déjeuner comme à
mon habitude, quand l'ascenseur
arrive en sortent le promoteur
accompagné de trois personnes qui
me font tout l'air de barbouzes.
Costume et lunettes noires.
Ils prennent dans un premier temps
la direction de mon appartement,
puis le promoteur tourne les talons,
disant "non c'est par là" et prennent
le couloir opposé.
Malchance pour eux, à 12h35 je
suis déjà de retour. En effet un
client m'a déposé au passage.
Je sors de l'ascenseur quand
j'aperçois un des barbouzes
refermer précipitamment la porte
de l'appartement (vide) contigu au
mien. Petits éclats de plâtre ou de
peinture blanche sur la moquette
rouge, ça se voit!

Que faisaient-ils, poser quelque dispositif ou le retirer? La seconde solution probablement car peu de temps après cet appartement accueillit de nouveaux locataires, et je prétextai une petite fissure apparue dans le mur pour regarder chez eux. Rien, aucune trace de quoi que ce soit...

Aux alentours de Pâques, j'ai reçu une réponse du procureur. Pas sous la forme attendue toutefois. Une assistante sociale du Conseil général se présente à moi, dans le but de m'aider dit-elle (je perçois l'APA donc pas de méfiance particulière) Question, puis encore une question...je rétorque "mais qu'est-ce que c'est que ça, le CG connait déjà tous ces détails!" Elle se lève alors, répliquant "le procureur a ordonné une enquête sociale à votre sujet"

Alors moi: "Ah bon? eh bien il va m'entendre celui-là! Et vous, dehors madame, dehors!!!"

Le proc, je l'ai pas loupé. Doit pas souvent recevoir des courriers du genre que je lui ai fait!
Rien à foutre, l'est à deux ans de la retraite, avec sa tête de chien battu.

Le Maire-conseiller général-Vice-président de la Communauté d'agglomération en charge des transports (avec son pote Président-Maire de la Ville) ne m'a pas loupé non plus. Refus de transport public à l'intérieur de la Commune. Pour la circonstance un "Règlement" a surgi opportunément Comprenez que j'avais le droit de descendre en ville, à la Poste, à la boulangerie, etc...mais qu'on me refusait le droit d'utiliser le service public pour faire la même chose à 900 mètres de chez moi! Basse vengeance et esprit mesquin, et discrimination. Abus de pouvoir quand tu nous tiens...méprisables zélus...

Petit retour en arrière (j'aime pas les anglicismes)

Dans cette résidence, pas de boîtes aux lettres individuelles. Le courrier est disposé dans des casiers non protégés. Et il arrive, trop souvent, qu'il parvienne ouvert, ou jamais. Si si ça existe!
J'en fis la remarque un jour à une remplaçante, soupçonnant que du courrier soit détourné. Tenez-vous bien, elle me dit "ah mais c'est normal, on est responsables de la tranquillité des résidents"

Un an de procédures pour obtenir le droit de poser une boîte. Pas fini. Marre, j'ai posé ma boîte sans autorisation.
Et personne n'a rien dit...

En janvier 2014, augmentation de loyer de plus de 20% avec effet rétroactif, sous prétexte de l'augmentation de la TVA. Faut oser, non? Et puis "c'est pas qu'on veut vous presser comme des citrons, mais comprenez qu'il faut qu'on s'en sorte!"
Sans déconner???

Je ne suis pas vraiment sensible à ce genre d'argument, je n'ai donc pas payé cette augmentation, contrairement aux autres qui avaient été "un peu forcés" au prélèvement automatique.

Faut pas dire non à ces gens-là, ils m'ont assigné pour non-paiement du loyer...Oui oui oui!

 Suffisait pas la tentative d'intimidation, j'ai reçu par huissier un avis d'expulsion, sur les conseils avisés de leur avocat. Pas légal sans jugement mais on s'en fout! On est chez nous, on fait ce qu'on veut!

Cet été j'ai revu le promoteur, lui avais conseillé de ne plus se pointer au village, que les gens se gaussent de lui. Fallait pas fanfaronner en disant que "vous verrez, on refusera du monde" Il avait aussi déclaré publiquement qu' **"on va se débarrasser de Lantin par tous les moyens"** Moyens "Lego" forcément? Ah ben on a bien joué!

Je lui ai envoyé aussi une photo de sa femme à poil trouvée par un ami sur un site coquin, et sa femme n'est autre que la propre soeur de la "responsable" de la résidence, ça fait désordre non?

Ce jour-là, il vient me serrer la main, très fort, comme mon ancien dirlo...avant de s'enfuir au Koweit. Code d'honneur.

Il est vrai que j'avais déposé contre lui et toute la clique (zélus compris) une plainte pour escroqueries en bande organisée et association de malfaiteurs, directement entre les mains du Doyen des juges d'instruction puisque le proc ne bouge jamais.

Lui demandais aussi de vérifier les conditions d'édification de la Résidence, financée par une grande banque par ailleurs actionnaire de la société de transports publics. Aïe...
Pas eu d'écho. Fin de l'histoire?
Que nenni...
Les provocations ne cessent pas.
Un matin, je trouve collée sur ma porte une feuille comportant, en grand, les paroles d'Audiard:
"Les cons ça ose tout..".vous connaissez.

Peu après, une lettre d'insultes et de menaces de dévoiler aux résidents mon passé psychiatrique. Comme si ce n'était déjà pas fait! Sauf qu'ici il n'y a aucun doute sur l'auteur de la lettre.
Normalement une lettre anonyme signée, c'est pas une histoire belge?

Plainte. Sera classée sans suite par le proc, fallait s'y attendre...

Entretemps, j'ai été reconnu handicapé à +80%, neuf mois après que mon dossier fut déclaré complet. Oh là là, on vous a oublié, m'a dit la secrétaire. Oublié? On va les croire quand la MDPH dépend du Conseil Général.
Encore une fois merci monsieur le Maire-Conseiller Général, trop "touché" de vos bienveillantes attentions.

Jamais pu prouver quoi que ce soit, mais il n'est pas interdit de se poser des questions. Est-ce l'air que les gens respirent dans cette Résidence qui est mauvais? Car la santé de tous ceux qui y entrent décline rapidement, trop rapidement.

Des personnes encore bien vaillantes sont vite contraintes au déambulateur. Quelques-unes sont déjà décédées, dont la propre maman d'une adjointe au Maire de la ville, en quelques mois...les plus fragiles peut-être, mais rien que de très normal pour des personnes âgées n'est-ce pas?
Sauf que je ne suis pas le seul à l'avoir constaté!!!

V

Octobre 2014.

Vous voulez que je parte? vous allez être servis. Je prends attache avec un des rares propriétaires indépendants. Affaire entendue, je vais déménager le dimanche 30 novembre sans que personne soit au courant. Je n'aurai plus la belle vue sur le vignoble, snif...

Mais c'est que les deux taulières n'ont pas aimé ça. Elles avaient déjà annoncé à la cantonade mon expulsion. C'est un peu embêtant pour elles il est vrai, que mes yeux et mes oreilles soient encore là.

Le lundi je m'avise de changer la serrure. Car c'est qu'elles ont un exemplaire de chaque clef ces... C'est "obligatoire" pour des raisons de sécurité voyez-vous.

Ce ne serait pas si grave si elles respectaient la vie privée des gens, mais non ces braves dames sont chez elles et entrent dans les appartements. Que vous soyez là, même nu, ou pas d'ailleurs!

Cela s'appelle "violation de domicile" et "atteinte à la vie privée" et c'est dans le Code pénal. Mais elle en ont rien à foutre, copines avec le Maire, le proc, et qui sais-je encore...

Bloquée à mort la vis, ou collée? il faudra appeler un copain qui a l'outil adéquat (tournevis à chocs) mais il ne peut pas venir de suite, et moi je crains une visite importune en mon absence.

C'est qu'à ce moment j'ai encore chez moi tout un carton de preuves, et ça se sait...

Mardi 2 décembre, p...il faut que je descende en ville. Elles le savent puisqu'il y a une audience contre leur boîte au tribunal. Emmerdé je suis!

Depuis un certain temps, je ne peux presque plus me déplacer qu'à l'aide de ma monoplace Ferrari rouge (un tricycle électrique en fait) Je me rends à "l'accueil" et réclame ma clef.
"J'ai pas de clef" dit la blonde. Oh mais bien sûr...ma-clef-s'-il-vous-plaît! Bref aller-retour au bureau.
"Attendez j'en ai une, je vais voir si c'est la bonne" Je demande "quel numéro elle a?"
"Ya pas de numéro, vous restez là je reviens!" "Rien du tout je vous accompagne!"

Nouveau bref aller-retour au bureau. Elle me montre alors une légère coupure au pouce. **"Regardez ce que vous m'avez fait, cette fois-ci mon vieux vous êtes foutu!"**

Mon problème de serrure n'est toujours pas réglé, et là il faut que je parte. J'entrave l'ouverture de ma porte avec mon tricycle. Tout juste la place pour passer un bras et mettre le frein moteur. Près de 60 kg, bougera pas. Photo.
Lorsque je reviens, je mets mon téléphone en mode vidéo avant d'ouvrir ma porte, doucement. Elle s'ouvre facilement.
Les salopes ! elles sont arrivées à pousser le tricycle.

N'ont pas pu aller bien loin, j'avais aussi fermé à clef la porte du salon, puis encore celle de la chambre!
Z'avaient pas pensé à ça!

Le soir même, mon propriétaire au téléphone, inquiet. Qu'est-ce qu'il s'est passé? Il a reçu un courriel de la société expliquant une "agression" de ma part suivie d'un arrêt de travail de 10 jours!

Mercredi 3, 11h55. Coup de fil à l'accueil "je viens chercher ma clef, que ça vous plaise ou non!"

Du fond du couloir j'aperçois l'autre taulière revenir précipitamment au bureau.
Derrière la vitre, la première me fait comprendre par gestes qu'elle est sourde et aphone. Mon téléphone en mode vidéo.
Je demande "et l'autre là, cachée derrière la porte, elle n'entend pas non plus?" Puis soudain "Mais au fait Mme G...mais vous êtes en arrêt de travail!"

Miracle elle retrouve sa voix.
"J'ai des responsabilités!" Je filme toujours et dis "Ah, mais je comprends!"

Surgit l'autre de derrière la porte, le visage défiguré par la haine, ce qu'il faut dire ne la change pas beaucoup. Tout en vociférant à deux doigts de mon nez, elle m'arrache le téléphone de la main et le fracasse au sol. Elle tente de me prendre ma canne, que je ne lâche pas...Puis dans un mouvement peu réfléchi, elle effectue une rotation et perd l'équilibre. Boum au sol! Gémissements. Et l'autre qui hurle "ça saigne ça saigne!!!" (ce qui est faux bien entendu)
Puis au téléphone "ma collègue vient de se faire agresser par un résident, Monsieur G...L...Il est complètement bourré, j'appelle une ambulance!"

Puis ajoute "les gendarmes arrivent vous restez là:"
Rien à foutre des ordres de cette conne, je rentre chez moi. Les "bleus" sauront déjà me trouver.
Très juste, vingt minutes plus tard ils sont là. Très jeunes.
Courtoisement, l'un d'entre eux me demande si je consens à souffler dans l'éthylomètre. Et merde, je viens justement de boire une gorgée de vin. Je le lui dis, tant pis, on verra bien.
Je crache mes poumons dans le bidule. Cata !!!
Pas pour moi, pour les deux nanas! le truc indique 0.00!

Ma vie va, enfin, devenir plus paisible. Je croyais.

Gendarmes. Convocation à la brigade pour audition libre.
Encore heureux, non mais...

Le jour dit, j'y suis à la brigade. Je serai entendu par le même gars qui avait pris ma plainte pour injures et menaces.

Il m'aime pas, vu que j'ai dû le remettre en place à au moins deux reprises. Se prenait pour le proc voire pour un juge d'instruction le jeunot...

Aujourd'hui il va me faire ma fête, pense-t-il...il va déchanter.

Top départ. Il me lit mes droits. D'emblée j'annonce la couleur.

"C'est bien une audition n'est-ce pas? Veuillez d'abord noter que je ne répondrai à aucune question. Ensuite j'ai préparé une courte déclaration, que je vais vous lire, lentement, et que vous allez recopier bien gentiment" (je pianote avec les doigts)

Oh mais il aime pas ça mon gars, il devient vert.

Quand je vous disais que j'avais annoncé la couleur...mais là il a pas le choix!

Deux heures dans ce burlingue, y compris pour les photos anthropométriques et la prise d'empreintes. J'ai terriblement mal au dos, mais lui a des valoches bleues sous les yeux.

Je rentre et j'aperçois la taulière qui tire une tête pas possible Un décès dans la famille? Ou déjà un coup de fil des copains pour dire que cela ne s'est pas passé aussi bien que prévu?

Nouvelle lettre au Commandant:

J'ai le regret, une nouvelle fois, d'attirer votre attention sur le comportement à mon sens inexcusable de certains personnels.

En l'espèce la présente vous fait part de celui du gendarme M... (COB W.....)

Je reconnais n'être pas "bien vu" des forces de l'ordre, et même de Monsieur le Procureur de la République, probablement parce que j'ai le culot de déposer des plaintes contre des gens "favorablement connus"
J'ai mon franc-parler et cela ne plaît pas, pour autant cela fait-il de moi un délinquant potentiel?

Ayant été victime début décembre 2014 d'incitations à la violence suivies d'agression à mon encontre, J'ai appelé à plusieurs reprises la compagnie de W..... pour solliciter que l'on vienne à mon domicile recueillir mes déclarations. Ce me fut refusé.

Monsieur M... me signala que de toutes façons il avait à me convoquer vu que "ouais vous avez écrit à la Mairie et au Commandant!"

Pardon? Quelqu'un a-t-il pu relever le moindre délit dans mes écrits? Et bien, si oui, j'assume toujours mes paroles!

Par ailleurs ayant aussi demandé à parler au Commandant de brigade pour que l'on vienne prendre mes plaintes, celui-ci ne fut pas plus aimable et me signifia d'avoir à me déplacer...

Ce serait volontiers, mais voyez-vous je suis handicapé, est-ce pour cette raison bien connue que l'on ne facilite pas les choses??? Ce serait alors de la discrimination!!!

Ce 20 mars, convoqué, il a bien fallu que je m'y rende car, m'a-t-on dit la gendarmerie n'a "plus de cartouches d'imprimante" , 3/4 h de transport, l'accès au bâtiment non aux normes handicap, puis plus de deux heures sur un tabouret de dactylo inconfortable au possible (c'est prévu pour?) Monsieur M... me lit mes droits, dont celui de quitter la brigade à tout moment. Je lui réponds que ça tombe bien car "dans une heure je m' "éclipse". Il ne goûte pas la plaisanterie, c'est son problème, a-t-il pour autant le droit de me dire que "non non vous serez encore ici, bien à l'abri" Si je résume bien j'ai le droit de partir, mais s'il le veut bien???

Ensuite, il exige une "pièce d'identité" qui ne peut être que la carte d'identité, ou le passeport, ou encore le permis de conduire" affirmant même que la pièce que je lui présente n'est pas valable en ce qu'elle ne comporte pas mon lieu de naissance (haha!) Il persiste dans son erreur, demandant même la confirmation à sa collègue OPJ. Celle-ci me répond sèchement. Je la prie de me parler sur un autre ton, et elle me répond alors "eh bien Monsieur votre comportement ne me plaît pas!" Ben voilà justement je ne cherche pas à plaire! C'est quel article du Code pénal???

Je me permettrai en outre de faire remarquer que l'on doit <u>décliner</u> son identité, donc la présentation d'une pièce n'est en aucun cas un passage obligé.

Par ailleurs, j'aimerais bien (sans aucune prétention) que l'on ne prenne pas pour plus idiot que je ne suis. En effet, au début de ma déclaration, j'ai fait remarquer que date et heure précises étaient restées en blanc sur la convocation.

A quoi Monsieur M... sans se démonter me répondit que c'était "parce qu'ils étaient venus un dimanche et n'avaient pu accéder à l'immeuble" Alors une sonnette ça sert à quoi???
Ensuite, j'ai oublié de le signaler, la convocation <u>doit</u> obligatoirement comporter le jour et le lieu supposé de la prétendue infraction. Ce n'est pas le cas non plus!
Enfin, la prise d'empreintes (à laquelle j'ai préféré ne pas m'opposer) ne peut avoir lieu que,

entre autres, dans le cas de violences <u>volontaires</u>..

Il y en a eu, certes, mais elles n'étaient pas de mon fait (et dans le cas de Mme L... il s'agit même d'automutilation. Légère, une petite coupure faite avec l'ongle, ce qui a entraîné une incapacité de dix jours...Elle pouvait travailler mais pas subvenir à ses besoins essentiels comme se laver, etc... Ce toubib est à recommander, pour sûr!

Pour suivre, je n'ai pas du tout apprécié, et le lui ai dit, que parlant d'un certificat de mon médecin-traitant, il me déclare "ah bon vous en avez encore un? parce que vous avez déposé plainte contre deux médecins!"

Je l'ai prié de ne parler que de l'affaire pour laquelle j'étais venu, ce en quoi personne ne pourra me donner tort.

Ensuite, j'avais mis en annexe une photocopie de ma carte de handicap, et il m'a déclaré "qu'elle n'était bonne qu'à se torcher le cul!" Elle porte le tampon de la Préfecture, Monsieur le Préfet serait ravi de l'apprendre!

Pour terminer, il m'a présenté ma déclaration pour signatures, et était stipulé que "j'avais suivi les gendarmes de mon plein gré et déclarais n'avoir pas subi de contrainte durant le transfert" (à peu près)
Je le fais remarquer, et Monsieur M... m'explique alors qu'il ne comprend pas comment s'est imprimé autre chose que ce qu'il avait à l'écran.

J'ai profité de ma présence dans les lieux pour déposer une plainte dont la qualification est "violences commises par un agent chargé d'une mission de service public sur personne vulnérable"
Et Monsieur M... me rétorque "ah bon parce que vous êtes vulnérable?" Moi je dis maintenant: ça suffit !!!

*Ceci dit il me donne l'autorisation d'appeler un taxi, le temps qu'il arrive les empreintes seront faites et il aura trouvé la qualification. Mais Monsieur M... c'était la bonne! Pour couronner le tout, il a fallu recommencer la prise d'empreintes à trois reprises, si bien que le compteur du taxi continuant à tourner cela m'a coûté **<u>17,90€</u>** pour aller à 2 km...! Qu'on me les rembourse, j'offrirai alors quelques cartouches d'encre à la brigade...*

Je n'avais pas d'autre solution pour renter chez moi, vu le mal de dos insupportable.

J'ai encore toujours mal maintenant, et n'ai d'autre remède que de m'y passer une crème anti-inflammatoire, ce qui m'est pourtant <u>absolument proscrit</u>!

Une petite note favorable pour le jeune gendarme appelé par Mme L... début décembre 2014, parce qu'un" type complètement bourré l'avait agressée" Très courtoisement il m'a demandé de souffler dans l'éthylotest lequel s'est avéré absolument négatif (0.00)

Désolé d'avoir du être aussi long, Monsieur, mais comprenez que certaines fois il y en a "ras la patate" des comportements abusifs des forces de l'ordre. (La police c'est pire, surtout à C....!)

De l'eau a coulé sous les ponts, mais moi je vais pas très bien.
Moral d'enfer, mais alors pour le reste...

J'ai évidemment changé de médecin, je lui ai écrit à l'autre, il m'a téléphoné, suppliant que je vienne le voir, que je n'aurai pas à payer la consultation, qu'on trouverait un arrangement, mais surtout se lamentant de ne pas être assuré.

Un toubib pourtant reconnu se comportant comme une larve...
Pourra pas plaider l'erreur, trop d'éléments convergeant vers la faute intentionnelle, c'est-à-dire une atteinte à la personne.
Radiation de l'Ordre. Clap de fin de carrière. Pas brillant!
C'est pas encore fait, mais c'est ce qui l'attend.

VI

Décidément les femmes nous sont bien supérieures, mais je ne suis depuis très longtemps plus de ceux qui sont à convaincre.

Ma nouvelle toubib s'appelle Pauline, une jeune personne vraiment gentille et sensible. Et jolie en plus! Extrêmement compétente cela va sans dire. J'ai en elle une confiance absolue.

Elle doit souvent s'interroger à mon sujet. J'ai des symptômes de maladies très graves, létales à court terme même, mais au vu d'examens multiples, elle m'affirme que je n'en suis pas atteint. Vraiment de quoi se poser des questions.

Résultats faussés comme les analyses qui suivront?
Cela devient aujourd'hui si évident!

Depuis que je ne monte plus chaque jour au village, c'est un traiteur qui me livre mes repas à midi. Toujours le même.
Récemment, je l'ai aperçu croiser la taulière dans le couloir. Un bonjour réciproque bien trop chaleureux pour être honnête.
J'ai cessé immédiatement avec lui. Surgelés et conserves "*only*"

Vous avez deviné? "Bon sang mais c'est bien sûr!"
Depuis longtemps, je naviguais sur internet, dubitatif.
Et sans être le moins du monde parano ou hypocondriaque.

J'ai soupçonné dans un premier temps une intoxication au cadmium. Métal lourd. Prise de sang...taux "normal" Doute.
Une semaine après et sans rien dire à personne, je descends en ville, nouveau prélèvement et autre labo, à mes frais forcément.
Le taux de cadmium s'avère être de 51% supérieur!
Conclusion évidente: la première analyse était faussée, non?

Précédemment, chez le même traiteur, j'avais trouvé, bien dissimulé à l'intérieur d'une grosse moule, un morceau de coquille dont la découpe ne pouvait en aucun cas être naturelle. Avalé il aurait causé une perforation mortelle. (taille réelle 17x18 mm !)

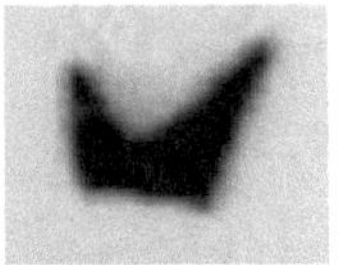

Une autre fois, bilan cardiaque à l'hôpital. Pas le même. On me pose une perf, glucose soi-disant. M'endors...au réveil je constate la trace d'une intraveineuse. Prise de sang on me dit. Pendant mon sommeil? Tout va bien? Sauf que dans le couloir je vois le chef du service des Urgences **de l'autre hôpital**. Qu'y faisait là ce connard ???

En dernier je pouvais soupçonner une absorption massive de glutamate monosodique (le très courant E 621)

Pour couronner le tout, j'allais oublier qu'un pharmacien m'avait livré un flacon de gouttes homéopathiques qui avait manifestement, et précautionneusement, été ouvert. Pas touché.

Ai-je besoin de vous dire que je vais bien mieux?

Quelqu'un a-t-il pensé une seconde que j'étais dingue?
Ah quelqu'un de fragile aurait pu le devenir. Je leur ai dit savoir qu'ils ne cherchaient qu'à m'envoyer les "blouses blanches".

Me serais retrouvé à Rouffach, aux mains de criminels, et n'en serais jamais ressorti.

Juin 2015...suis passé au Tribunal en tant que prévenu. Le proc avait requalifié l'arrêt de travail en "incapacité" et celle-ci ramenée à huit jours! Il reconnaissait de la sorte explicitement le caractère abusif du certificat médical !

J'y suis forcément allé avec mon scooter électrique, et lorsque la Juge m'a appelé et que je me suis avancé sur mes trois petites roues, son cou s'est allongé vers l'avant et ses yeux écarquillés.
Elle a reconnu ne pas comprendre comment un handicapé pouvait avoir commis ces agressions...
La substitut s'est étonnée que je ne sois pas handicapé du cerveau.
Sous peine d'outrage, je n'ai pas pu vertement lui demander si pour elle les deux allaient forcément de pair...bécasse!

J'ai demandé au Ministre la mise à la retraite anticipée du procureur, pour entraves au bon fonctionnement de la Justice.

Il n'est d'empire qui ne s'écroule un jour. Celui-ci est (j'espère dire bientôt "était") particulièrement malfaisant, ayant fait appel à la pire corruption qui soit, celle des professions de "santé" les mieux placées pour dégrader la vôtre jusqu'à mort "naturelle"...

Récemment j'ai mis les pieds à la Mairie, le premier magistrat du village est rentré précipitamment dans son bureau en me voyant.
J'ai demandé à l'employée
"Il a beaucoup maigri monsieur le Maire, c'est pas de ma faute au moins?"

"Non non" qu'elle dit.

Je finis "Vous savez je n'en serais sincèrement pas désolé!"

Si nous sommes encore en République, pas celle des copains et des coquins, il faut garder espoir.

Je n'ai pour ma part pas grand mérite: l'honnêteté, le sens de la Justice et d'un certain devoir, de l'intuition, quelques bonnes notions de Droit, du courage. Certains diront de l'inconscience et ils ont peut-être raison. Disons alors l'absence totale de peur.

J'ai échappé au pire, une balle dans la tête. Imaginez, j'aurais été emmerdé toute ma vie avec un trou de balle pour mourir avec deux. C'aurait été chiant. Très con surtout.

Le 29 août 2015.

*

POSTFACE: le 9 octobre 2015, je viens d'apprendre le licenciement de la "responsable", pour "racket" des Résidents d'après ce qui se dit au village. Mais celui-ci était organisé...des "prestations" sans justification étaient bel et bien facturées depuis toujours par la société de gestion! Fusible?

Comme un "malheur" n'arrive jamais seul, je sais aussi que des pressions et mises en garde furent adressées à mon nouveau propriétaire par la Mairie. Y aurait-il pas comme une complicité malveillante, voire des intérêts non avouables???

Tombent les dominos, l'un après l'autre...

*

On dédie normalement un livre au début. Je ne fais rien comme les autres, alors la voici:

A ma Chère toubib, Pauline, qui ne se doute peut-être pas de l'importance de son soutien. Je lui rends ici un hommage plein d'émotion. Qu'elle soit consciente de mon immense gratitude.
Elle m'a soigné, et soulagé très souvent avec bonheur, alors qu'elle pouvait être assaillie de doutes, ce que je n'ai jamais ressenti.

Peut-être aussi a-t-elle été l'objet de pressions, ce dont elle n'a jamais soufflé mot. Si c'était le cas, elle aura été fidèle à son serment et en adéquation avec sa vocation. En paix avec sa conscience aussi. Ce peut certes ne pas être facile, et parfois il en faut du courage, mais un simple petit mot peut changer une vie,

Je suis resté debout
et mon avenir s'éclaire.

VII

DEUXIEME PARTIE:

Dans la première édition, nous en étions restés au licenciement d'une des mégères...

L'autre a suivi en février 2016, mais est partie sans faire de bruit. J'ai quelques bonnes raisons de croire qu'elle serait "très liée" au Maire. De la famille ? Allez savoir.

En fait la première avait peut-être poussé le bouchon à son avantage personnel c'est possible, mais la "Société de gestion" était au bord de la faillite aussi...pensez, un taux de remplissage de 50% au bout de trois ans...elle devait tenir neuf ans pour pouvoir la transformer en Appart'Hôtel.
C'est bien ce qui était, et est toujours, prévu. Aucun appartement n'est aménagé pour des personnes à mobilité réduite, plein de normes de sécurité n'ont pas été respectées tel le carrelage glissant des salles d'eau, témoin de nombreuses chutes aux conséquences graves.

Aussi une nouvelle équipe a pris le relais, par laquelle j'ai vite appris, à propos des deux taulières **"qu'on ne leur avait pas demandé d'aller jusque là"** , avec à sa tête un grand gars, médecin retraité de son état. Sympa et apparemment de bonne volonté, mais probablement pas la carrure ni les compétences pour s'acoquiner à ces financiers vérolés et éviter d'être à leur solde.

Nouvelle équipe, mais ambiance toujours aussi merdique. On a rendu les gens méfiants, médisants, et rares sont ceux qui se parlent encore si ce n'est pour déblatérer les uns sur les autres...
Même les jours de fortes chaleurs, personne au salon, pourtant seul endroit climatisé...

En attendant, moi j'étais passé en Correctionnelle d'appel.
Tenez-vous bien: Con et damné à la fois (aussi à leur verser des dommages et intérêts) sans aucune preuve, ou plutôt si, en guise de:

Les gendarmes, arrivés "très vite" sur les lieux, ont constaté que Mme B. était couchée sur le sol. Et, "l'entourage" de Mr Lantin confirme unanimement le caractère violent de celui-ci"

Un casier à 69 ans, moi qui n'ai eu que trois ou quatre contredanses pour stationnement au cours de ma vie ! Bande de sagouins, tous autant qu'ils sont !

J'ai publié, sur *Mediapart* on peut le dire, une lettre ouverte, avec la correction qui sied, à la Juge.
La voici, la lettre pas la Juge, oooh...!

Lettre ouverte à une Présidente de Cour.

Madame,

Lors de l'audience correctionnelle d'appel à laquelle je comparaissais comme prévenu, vous m'êtes apparue intelligente et avoir bien saisi l'affaire qui était soumise à votre appréciation.
*Vous m'avez d'emblée affirmé avoir lu la totalité des 47 pièces que je produisais pour ma défense ainsi que mon pamphlet de 40 pages: **Au "Milieu" des Tentacules du Pouvoir***

*Avant de me voir, vous ne saviez si vous auriez devant vous un psychopathe, auquel cas vous auriez ordonné une expertise psychiatrique, **ou si cette affaire était très grave.***

Vous avez d'emblée écarté la première hypothèse et, pendant une heure j'ai répondu calmement à vos questions, lesquelles portaient d'ailleurs exclusivement sur mon livre, allant même jusqu'à vous interroger sur le sens du nom commercial de l'imprimeur...

*Si vous aviez tenu compte de, ou peut-être avoir seulement lu, mes annexes comportant des témoignages sans ambigüité, **vous ne pouviez que me relaxer.***
Vous n'avez par ailleurs pas rendu votre verdict sur le champ, ce qui vous laissait encore le temps de la réflexion...ou celui de céder aux pressions qui n'auront pas manqué?

***Vous avez**, Madame, **condamné** une personne âgée de 69 ans,*

***handicapée** et ne pouvant plus se mouvoir par elle-même, pour des violences à l'égard de deux femmes bien plus jeunes.*

*Les attendus ne comportant **aucune preuve** sont la honte de la Justice que vous avez rendue, une telle décision serait encore pardonnable (quoique) à un jeune magistrat risquant sur une **affaire politique** toute sa carrière. Mais vous, Madame, pourquoi avez-vous de la sorte manqué de courage? Sachez cependant que je ne vous conserve aucun ressentiment personnel.*

Je suis un lanceur d'alerte. Le Haut-Rhin, bastion "républicain" n'est que le repaire d'une pègre sans foi ni loi. Son opposition n'est qu'une façade en trompe-l'oeil. Tous sont complices!

Je dérange, et on a voulu me faire taire *en salissant mon honneur et en me "lynchant" socialement et financièrement.*
Eh bien, Madame, je vais l'ouvrir encore et encore !

Le procureur, aujourd'hui à la retraite (ou près d'y être) est le déshonneur du Parquet. Il ne requiert pas d'informations, il ordonne à la police et à la gendarmerie que celles-ci soient conformes à ce qu'il attend, c'est-à-dire allant dans le sens des instructions des politiques. Comment se défendre puisque certains avocats se dévoient de leur serment sous les pressions?
J'avais très justement sollicité le dépaysement de cette affaire sur la base des articles prévus par notre code de procédure pénale.
Le Procureur général me l'a refusé, c'est une chose.

Mais vous, Madame, en ne prononçant pas ma relaxe, **vous fermiez surtout la porte à la suite de mes plaintes pour dénonciations calomnieuses et à tout ce qu'elle entraînerait dans son sillage. On appelle cela "étouffer une affaire" me semble-t-il?**

Tant qu'il me restera un souffle de vie, cette histoire sera une braise que je n'aurai de cesse d'entretenir...dans ce sens je serai vindicatif, mais mon honneur en est l'enjeu et le vaut bien.

Croyez, Madame, en mon profond respect pour votre fonction, mais comprenez qu'en l'espèce je ne puisse en avoir autant pour les personnes ne l'exerçant pas en toute indépendance. Guilain LANTIN, Citoyen honorable et courageux, qui persiste et signe.

Pour moi, il ne peut y avoir qu'un réseau organisé derrière cela.

Evidemment, vu le contexte et à défaut d'autres informations, je ne peux rendre responsable de ce qui m'arrive que ce cher Maire, doutant toutefois très fortement qu'il en fut la tête pensante, quoique à coup sûr un bras armé.
Je lui ai écrit que j'aurais eu l'intelligence d'arrêter cette guerre, mais qu'à lui elle a manqué. On va donc faire avec tous les deux...mais en aucun cas je ne baisserai mon froc, surtout pas devant des gens de cette espèce, humaine à ce qu'il paraît !

VIII

Il y a une autre espèce dont je voudrais vous parler, qu'il faudrait mieux appeler une caste, c'est celle des médecins. Si vous lisez le serment d'Hippocrate, tout médecin jure porter assistance à un confrère en difficulté. C'est idéologiquement respectable, pour autant il ne faudrait pas que "porter assistance" se transforme en "protéger un confrère suite à un acte répréhensible de celui-ci"

Or force est de constater, hormis des cas d'une gravité exceptionnelle, que c'est généralement ce qui se passe. Je soutiens toute demande visant à dissoudre ce syndicat: "L'Ordre"... Celui-ci conseille à ses membres d'êtres attentifs aux dérives sectaires de leurs patients...mais... ne pourrait-on parler des dérives sectaires du corps médical?

Pourquoi vous parlé-je de ceci? Parce que trop de coïncidences tendent à le démontrer. Médecins et établissements hospitaliers correspondent via une messagerie sécurisée nommée *apicrypt*. Bien, sauf que mon nom a dû s'inscrire en rouge sur l'écran de chacun. Il ne faut pas qu'un élément puisse permettre qu'un doute s'insinue dans le système.

Ainsi les analyses de sang dont j'ai parlé précédemment, tout comme l'électromyographie qui fut une rigolade. On vous caresse avec une électrode..et vous allez bien!

Avant l'audience en Correctionnelle, je me suis dit qu'il pourrait être utile de produire un "certificat de bonne santé mentale" J'ai donc pris rendez-vous avec un psy à 50 kilomètres de chez moi, quelqu'un que je ne connaissais pas et inversement.

Il connaissait le motif de la consultation mais n'était pas censé en savoir plus. Or, sa première phrase fut "oui mais vous êtes très procédurier, et en psychiatrie ça porte un nom..."

J'avais tout compris, me suis immédiatement levé et suis parti sans rien lui payer, je dirais sans rien "lui devoir" Logique ?

En mars dernier, tiens je me souviens c'était le lendemain de mon anniversaire, ma Chère toubib m'avait conseillé d'essayer une potion qui pourrait soulager mes douleurs.   Miracle!   C'est merveilleux de se sentir mieux, même si cela ne doit pas durer.
Si bien que, me sentant presque pousser des ailes, j'ai eu plaisir à jardiner, sans trop forcer pourtant. Erreur, la douleur est souvent une alerte et je n'ai pas senti venir une rechute.   Douleurs   importantes, bien moins quand même que deux ans auparavant. Quelques jours au lit, puis lever avec l'aide d'une potence...et droit à un fauteuil roulant ainsi qu'à une auxiliaire de vie. Difficile de devenir dépendant.

Je vais quand même voir un gars, médecin spécialisé en rééducation paraît-il, qui tient un véritable casino. Et ce mec s'étonne de me voir venir en tricycle électrique? Et de quoi je lui parle d'un syndrome de la queue-de-cheval? Et que la marche est normale? Encore un qui s'est foutu de ma gueule, il n'a pas du aimer la lettre que je lui ai envoyée à la suite.

Fin 2014, j'allais assez mal, si bien que le cardiologue m'a hospitalisé, suspectant une insuffisance cardiaque sévère. Il s'est avéré que je faisais apnée sur apnée, ce qu'une polysomnographie a confirmé. Je devais être appareillé d'urgence, ce qui a été fait. Seulement l'appareil s'est révélé très rapidement défectueux et de fait contreproductif.

La société qui l'avait fourni ne fit strictement rien pour y remédier. Il fallut une plainte auprès du Conseil de l'Ordre des pharmaciens (la Directrice est pharmacien) pour qu'elle daigne venir remplacer la machine, laquelle fut rapidement défectueuse aussi. Je décidai de m'en passer. L'entente préalable initiale ayant étant faite pour cinq mois, j'aurais donc du revoir le pneumologue afin de la renouveler. Eh bien celui-ci annula le rendez-vous! M'en foutais après-tout...Ce qui est plus scandaleux, c'est que la Sécu a continué à payer la Société "Air à Domicile" pendant un an, malgré deux ou trois lettres à la Direction de la Caisse primaire!
Le trou de la Sécu...c'est pas un trou d' "Air" pour tout le monde !!!

Au fait, cette boîte ne cherche pas
à récupérer son matériel, c'est pas
curieux car ça vaut quand même
des sous?
Je me souviens qu'à la médiation,
le représentant de l'Ordre me
déclara avoir retenu une chose
(c'est déjà ça) dans mes écrits:

**" j'en ai ras-le-bol de tous ces
gens qui me veulent du bien! "**

Dans la première édition,
j'avais omis de vous raconter qu'un
jour, devant recevoir une série de
piqûres dans le dos, l'une de celle-
ci fut terriblement douloureuse, au
point que je criai à l'infirmière
d'arrêter. Ce qu'elle fit, non sans
avoir terminé assez brutalement de
vider sa seringue. Et alors et alors?

Eh bien je me rendis compte que le nombre d'ampoules injectées ne correspondait pas avec le nombre de séances. Il m'en restait ! Bon, faut vérifier quand même avant d'accuser quelqu'un, surtout d'un fait aussi grave! J'ai donc obtenu un relevé de la Sécu qui confirma mes craintes, je ne me trompais pas, j'avais bien reçu une injection d'autre chose, l'infirmière n'ayant pas pensé à subtiliser l'ampoule !

Un peu plus tard, lorsque je soupçonnai une intoxication au cadmium, je lui demandai à celle-là si elle savait ce que c'était.
Non me dit-elle. Ah? il y en a dans les piles et aussi la batterie de votre téléphone lui répondis-je et c'est un redoutable poison, je m'étonne que vous ne le connaissiez pas...

Oh alors j'ai bien dû un jour le voir écrit quelque part, me répondit-elle.

Et...au fait...vous vous entendez bien avec le Maire?
Oh ouiii, c'est grâce à lui que je suis là !

Ne trouvez-vous pas que le scénario commence à se préciser...terriblement ???

Bon alors, ce film il se termine bien ou pas?

Ah ben...mais je sais pas encore, moi !

IX

Figurez-vous que tout récemment je pose un brise-vue dans mon jardin. Marre du mec d'en face qui matte à longueur de journée, et surtout qu'un matin, arrosant mes plantes j'entends la testostérone en action d'un autre voisin de la Résidence dont la fenêtre de la chambre donne directement sur mon jardin en dépit de la règlementation. J'avais eu le son, mais heureusement pas l'image. Je l'ai prévenu par lettre, à laquelle il n'a pas répondu. En guise de protestation je lui ai collé pour une nuit un de mes panneaux contre sa fenêtre.

Le lendemain matin, panneau enlevé...et de cette manière ce ne pouvait être le vent. J'en déduis que le voisin a mis les pieds dans mon jardin ce qui constitue une violation de domicile.
Appel aux gendarmes...qui sont déjà au courant, et ils ont même des photos de mon "délit" ! Ce n'est pas tout, c'est le policier municipal qui est venu enlever mon panneau. Si si si !

Ah mais ça commence à bien faire, je relève mon panneau, mais plus contre la fenêtre quand même, et j'en mets un autre avec la tronche du Maire et l'inscription **WANTED - ALIVE and DEPOSED - CORRUPT**, panneau avec lequel je m'étais déjà baladé durant plusieurs jours dans le village suite à ma condamnation.

Je l'avais laissé un moment devant la Mairie et il a été photographié. Pas de plainte en diffamation ni quoi que ce soit.

Rien de neuf en somme...

Toujours est-il que le 1er juin dernier, en début d'après-midi (un peu après 15 heures) j'étais tranquillement assis dans mon fauteuil en train d'écouter de la musique quand j'entends un mouvement dans mon jardin...j'avais de la visite, mais pas du genre qui s'invitait pour prendre un verre ! Deux ambulanciers accompagnés d'un infirmier ayant son cabinet dans la Résidence venu tout exprès vu qu'il était en congé ce jour-là. Ces braves gens avaient été missionnés pour m'emmener à l'hôpital psychiatrique de Rouffach en HDT, étant évident que je constituais un danger immédiat pour autrui ou pour moi-même.

Bof cet endroit n'étant pas mon lieu de vacances favori, je leur dis gentiment que non je ne vais pas les suivre.

Un des ambulanciers fait ce qu'il doit dans un cas, il appelle la maréchaussée.

Les voilà, il y en a un qui a revêtu son gilet pare-balles, alors qu'en fait de balles moi je n'ai que des suppositoires !

Tous les deux plantés dans mon jardin, la main sur le porte-flingue, si si j'ai pris des photos ! Bon ça commence à m'agacer, surtout que l'un des infirmiers vient me narguer à vingt centimètres de la porte-fenêtre.

Il ne dit rien mais il me sourit...

Je lui rends son sourire, ferme la porte, rebranche l'alarme, et puis lui ferme aussi le rideau au nez. Il apprécie et lève le pouce.

Hé mais ils restent plantés là, il y a même un des bleus qui s'est installé tranquille sur une chaise de ma terrasse, malgré l'alarme qui évidemment retentit sans arrêt.
Pour me faire perdre mon calme?

La sirène étant intérieure j'ai 92db en permanence dans les oreilles, ça peut énerver effectivement.

Arrive l'adjoint au Maire, ça discute. Un ambulancier me lance qu'ils ne vont pas y passer la journée. Ah mais j'vous ai pas appelés moi, et je ne vous retiens pas en plus !

On ne va pas s'en sortir. J'avise un des deux gendarmes qui avait déjà pris une plainte pour mise en danger de la vie d'autrui (contre le Maire, mais le proc l'a classée à ce qu'on m'a dit)

Je lui demande de venir seul à ma porte d'entrée (intérieure) mais qu'il restera dans le couloir. Il vient, et il est bien seul. Très courtoisement, il m'explique que si je ne les suis pas volontairement, ils reviendront avec une décision de HO et que cette fois je serai emmené de force.

Pour moi c'est déjà une information, c'est le préfet qui la délivre ...sur demande du Maire !

Je dis au gendarme qu'on nage en plein délire (encore heureux que ce ne soit pas le mien!) et que je vais appeler un psy de Rouffach que je connais. J'ai un autre toubib au téléphone, qui me dit que son confrère me rappellera sitôt sa consultation terminée.

Ce qu'il a fait. La conversation a duré vingt minutes au bout desquelles ce médecin m'a affirmé que malgré l'émotion suscitée chez moi par tout ce ramdam, je lui parlais posément et qu'aucune nécessité d'hospitalisation ne lui apparaissait.

Entretemps mes "invités" étaient partis.

Je me suis enfilé une bonne bière à leur santé, je vais me gêner !

Le Maire, je lui ai écrit une lettre, déposée en une cinquantaine d'exemplaires sur une table, et publiée aussi, comme il se doit:

Lettre au Maire, *que j'espérais pouvoir lire publiquement lors de la réunion du 8 juin:*

J'ai tout récemment promis à mr le Maire de...le Maire de... Wettolsheim, de lui présenter publiquement mes excuses pour avoir laissé entendre dans mes nombreux courriers qu'il était un pourri. Oh pas parce qu'il n'a pas acheté mon livre, non, encore que 4€ pour l'un de ses administrés, faut dire que c'est mesquin...quand même!*
Non, donc voilà, mr le Maire, je vous prie de me pardonner parce que je me suis trompé...vous êtes très respectueux de la Loi...celle que vous écrivez selon les circonstances en défendant des intérêts particuliers. En ce sens, oui, vous êtes com-plè-te-ment pourri !

Vous venez de louper la dernière marche. Et vous avez fait fort: violation de domicile. J'ai répondu à cette provocation en posant un panneau dans mon jardin. Dans la foulée, je recevais (2ème violation de domicile) de la visite (ambulanciers, infirmier, gendarmes, adjoint) laquelle attendait que je réponde de manière inappropriée, soit par la violence, dans le but tellement évident de me faire "interner" Voilà le sort final réservé à ceux qui vous résistent !

Depuis trois ans je me bats contre des escrocs en col blanc que vous défendez avec un acharnement suspect, ceci contre l'honneur de l'écharpe que vos concitoyens vous ont confiée.
J'ai laissé dans la guerre que vous m'avez ensemble déclarée,

probablement plusieurs années d'espérance de vie, à tout le moins ma santé. Mais ma personne importe peu.

Vous savez, j'espère, que la concussion se prescrit par trois ans, il me reste donc encore un peu de temps. Ah il y a tout le reste en plus, et vous savez aussi que j'ai beaucoup de preuves.
Vous auriez du me tuer tout de suite, monsieur, mais je sais ce n'est pas faute d'avoir essayé...
Je me suis battu, seul, mais j'ai un argument qui semble vous manquer vu que vous faites faire le sale boulot par d'autres. Voyez-vous ce dont je veux parler, non? Des couilles, monsieur!

Aujourd'hui vous vacillez sur votre piédestal. Vous connaitrez la prison, enfin...peut-être...

D'autres s'en sont remis. Mais le pire pour vous c'est la certitude de ne jamais avoir de rue à votre nom, je vous souhaite de très mal le vivre, mais c'est le seul mal que je vous souhaite !

Oh vous ne resterez cependant pas seul. Tombent les dominos, l'un après l'autre...tac tac tac...

J'ai terminé, Merci.

Guilain LANTIN

* "Cette fois, les parlementaires furent bien convoqués mais[...]aucun des neuf cents fantoches, ou **pourris**, comme on disait alors ne répondit à la convocation" (L. DAUDET, *Ciel de feu*, 1934, p. 106)

Depuis, visites d'huissiers et courriers du Tribunal "tombent comme à Gravelotte".

Mon alarme côté jardin retentit quelquefois la nuit, ce qui n'était plus arrivé depuis le départ des deux mégères. Il en faut bien plus pour m'inquiéter. Mais...

Il y a quand même un truc: quelque soit l'histoire, il y a dans tous les cas des "gens dans l'immobilier" soit un promoteur, soit un syndic ou encore des gens y liés même indirectement.

Ainsi, j'ai enfin obtenu du Tribunal administratif l'expertise médicale sollicitée. Pour autant l'hôpital incriminé ne pouvait-il mieux être représenté que par un avocat "spécialisé en Droit immobilier" ?

La Justice est indépendante, les Juges...c'est bien moins certain!

L'un de mes frères, agrégé de maths-physique, m'a dit récemment que j'avais une puissance de raisonnement hors du commun, Il a eu raison de ne pas dire plus intelligent car ce n'est pas tout-à-fait cela. J'ai lu un article scientifique concernant le cerveau des musiciens qui est différent, disposant de plus de circonvolutions et donc de connexions plus nombreuses.

Tiens au fait, j'ai écrit des dizaines de pages sans en souffler un mot. Cela tient à mon humilité naturelle. C'est vrai, j'ai été un hautboïste au talent reconnu qui s'est produit sur bien des scènes européennes et nord-américaines... Mais ça c'était avant !

C'est un privilège incroyable que de susciter du plaisir chez les auditeurs. La notoriété j'en ai jamais rien eu à foutre...

Très souvent lorsqu'une chose m'interpelle sans que je puisse lui trouver une explication (ce peut être un simple mot ou une attitude) une molécule va se loger dans un méandre de mon cerveau. Et elle peut y rester très longtemps, des années même.
Et un jour, une autre information non utile seule va être rejointe par l'une de celles qui étaient en hibernation, et tic tic tic se forme un atome d'informations, et ainsi de suite...
"On est en train de se rendre compte que le cerveau d'un musicien est différent, physiquement, mais on ignore comment ce changement s'opère"

"Les circonvolutions du cortex cérébral sont plus complexes, notamment dans le cortex préfrontal mais aussi dans les lobes pariétaux. Le lobule inférieur gauche contient un plus haut taux de cellules gliales"

Ils ont pas eu de chance mes "amis"...

Ma réflexion est la suivante, sans pour autant la considérer comme définitive :

Dans mon village, dans mon canton, mon département, et je crains partout ailleurs, je dois constater l'existence d'un réseau organisé de type mafieux qui peut s'avérer criminel pour autant que l'on touche aux intérêts d'un seul de ses membres. Les tentacules mènent tous à la même bête, et l'animal est dangereux!

Ainsi je ne crains pas d'affirmer ici que cette association de malfaiteurs, disons une "communauté d'intérêts", est, au moins, composée de professions de l'immobilier, d'élus de tout poil, et de professions de... santé !

En effet, pour les seuls conseils municipaux dont j'ai connaissance de la composition (essentiellement par les tracts électoraux) ces professions (médecins, cadres hospitaliers, pharmaciens, kinés, infirmières, ou encore fils de ou retraités de...(mais pas de vétos?) sont un peu trop présentes jusqu'à être parfois majoritaires, quand elles ne sont pas Maire.
Voilà qui pourrait paraître plutôt rassurant si ce n'était ce que je viens de vous raconter.

Pour autant, je ne veux pas dire que celles-ci mènent le bal, mais en tout cas ont-elles les connaissances et les moyens d'empêcher d'en perturber la petite musique. Quant à savoir qui dirige l'orchestre... Les Francs-maçons? Possible, ou peut-être pire encore...

Ma jeune toubib, admirablement courageuse, aurait-elle pu encore résister aux pressions certaines, voire aux mesures de rétorsion ?

"Un médecin n'abandonne jamais son patient"

Elle a préféré ne plus me suivre, et c'est de sa part un geste suprême, j'oserais dire...un acte d'amour.
En aucun cas un abandon.

Merci Pauline!
Vous savez où vous avez une place je crois................

Le 13 août 2016

*

"Je ne plierai pas

Je ne m'en irai pas en silence

Je ne me soumettrai pas

Je ne me retournerai pas

Je ne me conformerai pas

Je ne me coucherai pas

Je ne me tairai pas

Le courage c'est de chercher la vérité et de la dire,

ce n'est pas subir la loi du mensonge triomphant"

Jean JAURES

"Celui qui s'oppose au système paie un prix incroyablement fort. Il est aussitôt humilié, marginalisé, licencié, placé sur écoutes illégales, menacé de mort. On le fait passer pour un déséquilibré. Sa voiture a un accident. Son appartement est cambriolé. Il sent physiquement une menace. J'ai éprouvé de la colère en entendant les récits de certains témoins.

Pour dix secondes d'honnêteté, ils ont vécu dix ans d'enfer. Ils ont payé leur courage au prix fort. Ils n'ont pas voulu se soumettre et ont été rejetés sur le bord du chemin. Ce sont des auditions comme celles-là qui vous font comprendre <u>l'influence des réseaux organisés</u> en France"

Eva JOLY
Notre affaire à tous p.146

Édité par

BoD-Books on Demand

12/14 rond point des Champs
Élysées, 75008 Paris, France

Imprimé par

BoD-Books on Demand,
Norderstedt, Allemagne

Dépôt légal: septembre 2016
ISBN : 978-2-322-11325-5

FSC
www.fsc.org
MIXTE
Papier issu
de sources
responsables
Paper from
responsible sources
FSC® C105338